Richard Deiss

Die schönsten Fachwerkhäuser Bayerns

Meine Liste der 77 sehenswertesten Fachwerkhäuser in Bayern

AF222792

Impressum

Autor:	Richard Deiss
Cover:	Richard Deiss
Verlag:	BoD · Books on Demand GmbH, Überseering 33, 22297 Hamburg, bod@bod.de
Druck:	Libri Plureos GmbH, Friedensallee 273, 22763 Hamburg
ISBN:	978-3-7693-6823-9

Vierte Auflage 2025, Originalausgabe

Bibliografische Information der Deutschen Nationalbibliothek: Die Deutsche Nationalbibliothek verzeichnet diese Publikation in der Deutschen Nationalbibliografie; detaillierte bibliografische Daten sind im Internet über dnb.dnb.de abrufbar.

Die automatisierte Analyse des Werkes, um daraus Informationen insbesondere über Muster, Trends und Korrelationen gemäß §44b UrhG („Text und Data Mining") zu gewinnen, ist untersagt.

Künstlerhaus in der Gänsgasse 17 in Spalt (Mittelfranken)

Inhaltsverzeichnis

Vorwort

Ich bin ein Städte-Vielreisender und habe in Deutschland bereits alle 2047 Städte besucht, darunter alle Städte Bayerns. Nach einer Buchreihe zu Denkmälern in Städten, welche ich seit Juni 2022 publiziert habe, erinnerte ich mich, dass ich in den besuchten Städten auch immer wieder interessante Fachwerkhäuser fotografiert hatte. So beschloss ich im Frühjahr 2023, ein Buch zu den 100 beeindruckendsten von mir besuchten Fachwerkhäusern zu publizieren. Obwohl der Süden im Buch mit fast 40 Gebäuden vertreten war, musste ich etliche schöne Fachwerkhäuser dieser Region weglassen. Deshalb beschloss ich, einen eigenen Band nur zu Baden-Württemberg und Bayern zu publizieren, um die Zahl der dort gezeigten Fachwerkhäuser verdoppeln zu können. Nach weiteren Reisen ergab sich die Notwendigkeit einer weiteren Aufspaltung. Der vorliegende Band enthält nur noch Fachwerkhäuser in Bayern. Zu den 77 schönsten Fachwerkhäusern kommen dabei 23 weitere, um die runde Gesamtzahl von 100 zu erreichen (und in Deutschland in insgesamt in 11 Bänden etwa 1000 Fachwerkhäuser).

Mit weiteren Reisen und Entdeckungen wird sich die Liste auch immer wieder ändern. In der vierten Auflage sind 6 Häuser in Amorbach (2), Fürth, Erlangen, Bamberg und Lauf hinzugekommen. Entsprechend wurden 6 Gebäude aus dem Buch genommen (in Prichsenstadt, Marktbreit, Königsberg, Nürnberg und Kulmbach).

Ich freue mich, wenn das Buch interessierte LeserInnen findet, die es lehrreich und unterhaltsam finden. Vielleicht werden LeserInnen auch angeregt, das eine oder andere Fachwerkhaus selbst in Augenschein zu nehmen.

Viel Spaß beim Lesen und dem Betrachten der Fachwerkhäuser.

Isny im Dezember 2025
Richard Deiss

Einleitung

In Bayern gibt es große regionale Unterschiede im Vorkommen von Fachwerkhäusern. In Altbayern, also Oberbayern, Niederbayern und der Oberpfalz, sind Fachwerkhäuser kaum zu sehen. In Oberbayern (etwa in Beilngries) und in der Oberpfalz (Neumarkt) gibt es einzelne Fachwerkhäuser in den an Mittelfranken grenzenden Gebieten, in der Oberpfalz zusätzlich an der Grenze zu Tschechien. Auch im Regierungsbezirk Schwaben, mit Ausnahme von Oberschwaben und den nördlichsten Landesteilen, gibt es nur wenige Fachwerkhäuser. Franken dagegen ist eine ausgesprochene Fachwerkregion. Vor allem in Mittelfranken gibt es viele Fachwerkstädte. In Unterfranken ist Fachwerk oft in kleineren Städten am Main zu finden. In Oberfranken treten Fachwerkhäuser zugunsten von Sandsteinfassaden bereits wieder etwas zurück

Nürnberg: Burgbereich mit Pilatushaus

Fachwerkgebäude im Buch in den Bezirken Bayerns

Regierungsbezirk	Ge-mein-den	Fachwerkgebäude		
		Insge-samt	Top-77	Top 15
Unterfranken	16	22	16	2
Mittelfranken	21	40	34	8
Oberfranken	15	23	17	4
Schwaben	4	12	8	1
Oberpfalz	2	3	2	0
Bayern	58	100	77	15

Änderungen in der 4. Auflage:

Neu aufgenommene Häuser	Nicht mehr vertreten
Amorbach, **Templerhaus**	Nürnberg, **Graff-Haus**
Amorbach, **Debonhaus**	Kulmbach**, Michael-Weiß-Haus**
Bamberg, **Haus z. Wasserwirt**	Königsberg, **Regiomontanus-Haus**
Erlangen, **Schwarzer Adler,**	Marktbreit, **Gasthaus Löwen**
Fürth, **Rotes Haus,**	Prichsenstadt, **Freihof**
Lauf, **Wohnhaus Turnstr. 15**	Roth, **Schloss Ratibor**

Fachwerkhäuser, die zu den Top-77 Bayerns gehören, sind im Buch mit einem ★ gekennzeichnet, solche die zu den Top-15 Bayerns und damit zu den Top-111 Deutschlands gehören mit ★★ (siehe Deutschlandband). Fachwerkhäuser, zu denen es einen Wikipedia-Artikel gibt, mit 🗐, Fachwerkhäuser mit Infotafel mit ❒. Hier die Liste der Top-15 Fachwerkhäuser in Bayern:

Meine Liste der Top-15 Fachwerkhäuser Bayerns

Unterfranken	Miltenberg, **Zum Riesen** 🗐
	Miltenberg, **Haus Clausius**
Mittelfranken	Dinkelsbühl, **Deutsches Haus** 🗐
	Großhabersdorf, **Gasthaus Rotes Ross**
	Nürnberg, **Pilatushaus** 🗐
	Nürnberg, **Dürerhaus** 🗐
	Roth, **Riffelmacherhaus**
	Rothenburg, **Gerlachschmiede**
	Spalt, **Mühlreisighaus**
	Spalt, **Schlenzgerhaus**
Oberfranken	Bamberg, **Rottmeisterhäuschen** 🗐
	Burgkunstadt, **Rathaus** 🗐
	Ebern, **Rathaus** 🗐
	Marktzeuln, **Rathaus** 🗐
Schwaben	Memmingen, **Siebendächerhaus** 🗐

Zusätzlich gibt es Orte, in denen nicht ein einzelnes Gebäude allein den Ausschlag gibt, sondern ein Ensemble. Beispiele sind das **Plönlein in Rothenburg**, der **Malerwinkel von Marktbreit** und in **Nürnberg** die **Weißgerbergasse**.

1. Unterfranken

In Unterfranken ist Fachwerk vor allem in den kleineren Städten zu finden. Die Hauptstadt Würzburg ist dagegen durch Steinfassaden geprägt, oft in gotischem oder Barockstil. Besonders am Main finden sich kleinere Fachwerkstädte, wobei Miltenberg zu den bekanntesten gehört. Weitere fachwerkreiche Städte sind Ochsenfurt, Prichsenstadt und Königsberg.

1688 erbautes Mesnerhaus in Eibelstadt ❐

Amorbach

Templerhaus 📄 ❑ (1291)

Bereits 1291 errichtet, ist es das älteste Fachwerkhaus Bayerns. Es zeigt eine für diese Bauepoche typische einfache Balkenstruktur. Der steinerne Unterbau ist sogar noch älter. Heute beherbergt das Haus ein Museum für mittelalterliche Baukunst.

Adresse: Bädersweg 1

Debonhaus (1683) ★ ❐

Eine Tafel am Debonhaus informiert:

> Das sogenannt **Debonhaus** wurde 1683 erbaut. Letzte private Eigentümerin war Sophie Debon, die das Anwesen 1907 der Stadt vererbte. Seit der umfassenden Renovierung der Jahre 2008/09 ist das Gebäude wieder eines der schönsten Fachwerkhäuser Amorbachs.

Adresse: Marktplatz 15

Löwenapotheke (um 1500/1995) ★ □ 📄

Die um 1500 erbaute Löwenapotheke in Aschaffenburg mit ihrer von vielen Halbkreisen und anderen Bögen geprägten Fachwerkstruktur wurde 1945 bei einem Luftangriff zerstört. In den Jahren 1991-95 wurde sie jedoch im alten Stil rekonstruiert.

Adresse: Dalbergstraße 11

Iphofen

Iphofen wurde weder im Dreißigjährigen Krieg noch im Zweiten Weltkrieg zerstört und die baulich intakte Altstadt zieht heute viele Touristen an.

Rödelseer Tor (Mitte 15. Jahrhundert) ★▤

Das Rödelseer Tor geht auf das späte 13. Jahrhundert zurück. Sein heutiges Aussehen erhielt es jedoch erst Mitte des 15. Jahrhunderts. Im 17. und 18. Jahrhundert wurden kleine Torwärterhäuschen angebaut. Als Fotomotiv dient vor allem das fachwerksichtige Vorwerk des Rödelseer Tores.

Adresse: Kirchplatz 1

Altes Rathaus (1561) ★ □ 📄

Über einem verputzten Erdgeschoss mit rötlichen Sandstein-
arkaden und sandsteinsichtigen Ecken findet sich ein Fachwerkgeschoss mit Mittelerker und ein Fachwerkgiebel. Das Gebäude
wurde bis 1885 als Rathaus genutzt, danach bis 1934 als Postamt.
1996 wurde es aufwendig renoviert und beherbergt seit 2001 die
Tourist-Information Klingenbergs.

Adresse: Hauptstraße 26

Uhrmacherhaus (1733) ★

An der Fassade des 1733 erbauten ‚Uhrmacherhauses' wird der Zeiler Zimmermann und Bildschnitzer Jörg Hof(f)mann, der in Zeil, Scheßlitz und Burgkunstadt wichtige Bauten mit Holzschnitzereien hinterließ, als Erbauer genannt. Dieser starb jedoch bereits 1714 und deshalb muss es sich um einen anderen Jörg Hoffmann gehandelt haben.

Adresse: Marienstraße 36

Malerwinkelhaus (ca. 1700) ★ □ (📄)

Das schmale Fachwerkhaus am sogenannten **Malerwinkel** von Marktbreit wurde auf der Kaimauer über dem Breitbach erbaut und scheint fast auf dieser Mauer zu sitzen und in den Bach zu kippen. Es steht an der Spitze von drei aneinandergereihten Häuschen, die sich an das Tor über den kleinen Fluss anschmiegen. Mit dem schlanken gelben Fachwerkhaus mit seinen braunen Balken und grünen Fensterläden an der Spitze ergibt sich ein sehr pittoreskes, heute viel fotografiertes (und früher viel gemaltes) Bild. Im Fachwerkhaus ist heute ein Museum untergebracht.

Adresse: Bachgasse 4

Haus Clausius (Centgrafenhaus, 16. Jahrhundert) ★★

Das **Haus Clausius** mit dem Hotel **Schmuckkästchen** wird auch *Gackstättisches Haus* oder Centgrafenhaus genannt, da im Dreißigjährigen Krieg (1618-48) der Centgraf Leonhard Gackstatt Eigentümer war. Das Haus fällt durch seinen Erker auf und das komplexe, dichte Zierfachwerkmuster mit Feuerböcken, Mannfiguren und Bögen. Der Marktplatz mit diesem Gebäude im Mittelpunkt gehört zu den meistfotografierten Unterfrankens.

Adresse: Marktplatz 185

Gasthaus ‚Zum Riesen' (1590) ★ ★ ☐ 📄

Das Restaurant **Zum Riesen** ist eines der ältesten Gasthäuser Deutschlands. Es wurde im Jahre 1158 erstmals urkundlich erwähnt. Hier waren u. a. Barbarossa, Wallenstein, Heinz Rühmann und Elvis Presley zu Gast. Im Jahre 1590 wurde unter Einbezug des gotischen Vorgängerbauwerkes das noch heute bestehende Renaissance-Fachwerkhaus errichtet. Früher hat man oft Neidköpfe an der Fassade angebracht und das wäre hier wohl auch nötig gewesen, denn der wirtschaftliche Erfolg des Gasthauses führte dazu, dass 1627 der Wirt Lorenz Beck der Hexerei bezichtigt wurde und - wie sein Vorgänger und dessen Frau - auf dem Scheiterhaufen endete. Die in den 1970er Jahren noch freiliegende Fachwerkfassade des Giebels ist heute verschiefert.

Adresse: Hauptstr. 97

Ochsenfurt

Ochsenfurt ist eine der über 100 deutschen Fachwerkstädte, welche sich zur Deutschen Fachwerkstraße zusammengeschlossen haben. Die meisten Fachwerkhäuser in Ochsenfurt finden sich entlang der Hauptstraße.

Engel-Apotheke (16./17. Jahrhundert) ★ ❑

Der zweigeschossige giebelständige Satteldachbau mit seinem Fachwerkobergeschoss und einem Fachwerkgiebel zeigt an der Fassade eine Maria Immaculata-Hausfigur aus dem 18. Jahrhundert.

Adresse: Hauptstraße 23

Gastwirtschaft zum Schmied (1607) ★ □

Der dreigeschossige giebelständige Satteldachbau mit seinen leicht vorkragenden Obergeschossen, zeigt ein von Andreaskreuzen und Feuerböcken geprägtes Fachwerkmuster. Das nach Osten abgeschleppte Dach verleiht dem Gebäude ein markantes Aussehen.

Adresse: Hauptstraße 26

Hauptstraße 18 (17./18. Jahrhundert) ★

Der markante, schlanke viergeschossige Satteldachbau mit seinen vorspringenden Obergeschossen stammt aus dem 17./18. Jahrhundert. Der danebenliegende giebelständige dreigeschossige Satteldachbau **Hauptstraße 20** stammt aus derselben Bauepoche.

Adresse: Hauptstraße 18 und 20

Rathaus (1488) ★ ❑

Das 1488 erbaute, 2007-08 sanierte Rathausgebäude erfuhr im Laufe der Jahrhunderte eine Vielfalt an Nutzungen, von einer Wachstube für Nachtwächter, Räumen fürs Hopfentrocknen, dem Abstellen von Feuerlöschfahrzeugen, dem ersten Elektrizitätswerk (mit Dieselmotorantrieb) bis zur Stadtschreiberwohnung.

Adresse: Karlsplatz 5

Alte Eich (16/17. Jahrhundert) ★ ❑

Das im 16./17. Jahrhundert erbaute, 2008 renovierte ehemalige
Eichamt ‚Alte Eich' zeigt ein massives Erdgeschoss.

Adresse: Mönchshof 9

Kantorat (1510) ★ ☐

Der Fachwerkaufbau des1510 erbauten **Kantorats** (Schulgebäude). kam im 17. Jahrhundert hinzu. 2003 renoviert, erhielt es
2004 den Förderpreis des Bezirks Unterfranken zur Erhaltung his-
torischer Bausubstanz. Heute dient das Gebäude als Evangelisches
Gemeindezentrum.

Adresse: Rathausplatz 4

Altes Rathaus (1600) ★ ❑

Bis 1974 war das um 1600 erbaute **Alte Rathaus** Sitz der Stadtverwaltung von Wörth am Main. Im Jahre 1985/86 wurde das Gebäude saniert und dient seither als Bürgerhaus. Seit 2004 findet sich im Dachgeschoss die Dauerausstellung ‚Römerzeit'. Das Gebäude hat nur ein fachwerksichtiges Stockwerk, mit allerdings interessantem Fachwerkerker. Der Giebel ist verschiefert.

Adresse: Rathausstraße 42

Zeil am Main

Jörg-Hofmann-Haus (1689) ★ ❏

Das Haus wurde 1689 vom Zeiler Zimmermann und Holzschnitzer Jörg Hofmann im Renaissancestil erbaut. Es zeigt an der Fassade typische Schreckmasken als Symbol gegen böse Geister.

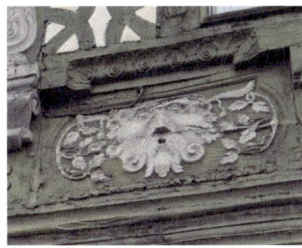

Adresse: Hauptstraße 3

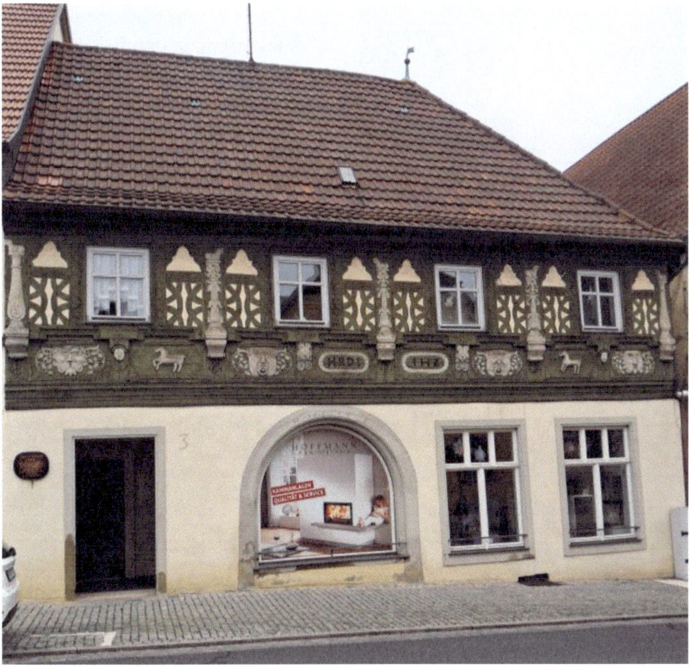

Weitere sehenswerte Fachwerkhäuser in Unterfranken

Haßfurt		
Hauptstraße 35 (um 1600)		Das größte Fachwerkhaus der Stadt ist ein zweigeschossiger giebelständiger Satteldachbau mit Fachwerkobergeschoss und großem Giebel. Heute Wohnhaus.
Miltenberg		
Markthaus zur Goldenen Krone (1623), Hauptstra. 191		Das giebelständige Markthaus zur Goldenen Krone mit seinem massiven Erdgeschoss und zwei Fachwerk-Obergeschossen mit reichem Spätrenaissance-Zierfachwerk an den Brüstungen weist einen markanten zweistöckigen Giebelerker auf.
Ostheim		
Rathaus (1587), Marktstraße 24		Auf massivem Erdgeschoss findet sich ein Fachwerkobergeschoss, welches von einem Halbwalmdach bedeckt ist. Über dem Haupteingang erhebt sich ein Fachwerkturm. Die Freitreppe wurde erst 1968 hinzugefügt.
Volkach		
Marktplatz 5 (zweite Hälfte 16. Jahrhundert)		Der dreigeschossige traufständige Fachwerkbau mit Steilsatteldach beherbergte einst eine Färberei und heute einen Gasthof.

2. Mittelfranken

Mittelfranken ist die führende Fachwerkregion Bayerns. Besonders die kleineren Städte um Nürnberg sind fachwerkreich. Die berühmteste Touristenstadt der Region ist dabei Rothenburg ob der Tauber. Die Fachwerkdichte ist dort nicht besonders hoch, doch die Altstadt ist so groß, dass einige interessante Fachwerkbauten zu finden sind. Die wundersamste Fachwerkstadt der Region ist jedoch die Hopfenstadt Spalt mit den mehrfach gebrochenen hohen Giebeln. In Mittelfranken sind selbst in den größeren Städten, mit Ausnahme von Erlangen, zahlreiche Fachwerkbauten zu finden. Während Nürnberg im Kriege jedoch stark zerstört wurde und die Fachwerksubstanz darunter sehr gelitten hat, blieb die Nachbarstadt Fürth fast unzerstört. Dort findet sich eine interessante Mischung aus Sandstein-, Schiefer- und Fachwerkfassaden. Die Fachwerkhäuser der Stadt sind jedoch eher unscheinbar.

Zollhäuschen aus dem 18. Jahrhundert in Spalt ❐

Nürnberg

Nürnberg hatte vor dem Zweiten Weltkrieg eine der größten Fachwerkaltstädte Deutschlands. Die genaue Zahl der Fachwerkhäuser ist nicht bekannt. Da es in der Altstadt viele Sandsteingebäude gab, wird ihre Zahl wohl geringer gewesen sein als in Hildesheim oder Frankfurt, wo es jeweils etwa 2000 Fachwerkhäuser gab, von denen in Frankfurt im Krieg fast alle und in Hildesheim 90% zerstört wurden. Durch 59 Luftangriffe wurden 90% der Nürnberger Altstadt im Zweiten Weltkrieg zu Trümmern. Wichtige Fachwerkbauten wie das Dürerhaus und das Pilatushaus überstanden im Wesentlichen den Krieg. Die Weißgerbergasse in der nördlichen Altstadt ist heute eine der wenigen erhaltenen und von Fachwerk geprägten Straßen der Stadt.

Häuser in der Weißgerbergasse

Albrecht-Dürer-Haus (um 1420) ★ ★ ☐ 📄

Ab 1509 lebte und arbeitete der bedeutende Maler **Albrecht Dürer** (1471-1528) in diesem um 1420 erbauten Fachwerkhaus. Im Februar 1945 verwandelten Luftangriffe Nürnberg in ein Trümmermeer. Auch das Dürerhaus wurde beschädigt, doch die im Haus lebende Hausverwalterin löschte kleinere Brände selbst und leitete die Feuerwehr zum Haus. So gilt das Gebäude als eines der wenigen unzerstörten Bürgerhäuser der Blütezeit Nürnbergs. Es ist zudem das einzige Künstlerhaus aus dem 16. Jahrhundert in Mittel- und Nordeuropa. Seit 1949 dient es als Museum.

Adresse: Tiergärtnertorplatz

Pilatushaus (um 1550) ★ ★ 📄

Das **Pilatushaus** ist eines der wenigen erhaltenen spätgotischen Bürgerhäuser Nürnbergs. Es wurde 1489 durch einen Harnischmacher errichtet. Dieser verkaufte es 1507 an den Bildhauer Veit Wirsberger, der dadurch zum Nachbarn Albrecht Dürers wurde. Der Giebelerker wurde 1587 angebracht. Seit 1693 war die Fassade verputzt, das Fachwerk wurde erst 1939 wieder freigelegt. Im Krieg wurde die Rückseite durch eine vor der Kaiserburg detonierte Luftmine beschädigt. Nach über einem Jahrzehnt Leerstand aufgrund statischer Probleme haben die Altstadtfreunde Nürnberg das Haus im Jahre 2022 in Erbpacht von der Stadt Nürnberg übernommen. Eine Sanierung steht nun an.

Adresse: Tiergärtnertorplatz

Dr. Erich-Mulzer-Haus (1390) ★ ◻

Das Haus ist nach **Erich Mulzer** (1929-2005) benannt, dem Vor-sitzenden der Nürnberger Altstadtfreunde von 1973-2004. Es wurde 1390 als Gerberhaus erbaut, 1728 barock umgebaut, im Jahre 2000 von den Altstadtfreunden gekauft und 2009 mit Mitteln von Land, Bezirk, Stadt und der Deutschen Stiftung Denkmal-schutz umfassend saniert.

Adresse: Weißgerbergasse 10

Kleinweidenmühle (um 1550) ★

Das Fachwerkhaus im Stadtviertel Kleinweidenmühle wurde um 1550 erbaut. Der hohe schlanke Turm des eine Spindeltreppe enthaltenden Treppenhauses ist ebenfalls in Fachwerkoptik ausgeführt. Das auffallende Fachwerkhaus ist heute ein Wohngebäude.

Adresse: Kleinweidenmühle 7

Ehem. Gasthaus **Schwarzer Adler** (1680) ★ ❑

Eine Tafel am Gebäude informiert, dass es um 1680 erbaut wurde, seit 1713 das Gasthaus ‚**Schwarzer Adler**' war und nach 1945 zusätzlich ein Gemischtwarenladen. 1950-1956 kam es zu einer Teilnutzung als Schulraum. 1979-1982 wurde es renoviert und danach als Hotel und Weinstube genutzt.

Adresse: Herdegenplatz 1

Fürth

Fürth kam, anders als Nürnberg, fast unzerstört durch den Zweiten Weltkrieg und weist eine geschlossene historische Altstadt auf. Diese ist gekennzeichnet durch eine Mischung aus Sandstein, Schiefer- und Fachwerkfassaden und oft sind diese Elemente sogar kombiniert, Fachwerkhäuser mit Sandsteinsockel oder mit Schieferdächern. Dem angenehmen Stadtbild fehlt es jedoch an herausragenden Fachwerkgebäuden.

Marktplatz 11 (1661)

Das dreigeschossige Wohnhaus, mit Sandsteinsockel und Fachwerkobergeschossen, welches eine Traufseite mit einem Giebel kombiniert und zudem einen Erker aufweist, wurde 1661 erbaut und 1961 restauriert.

36

Königstraße 17 (1698) ★

Das Fachwerkhaus aus dem Jahre 1698 wurde bei der Sanierung 2012 nach historischen Befunden einfarbig rot gestrichen, einschließlich der Ausfachungen. Ein solcher Anstrich war in der Vergangenheit üblicher als heute.

Hermanngasse 1 (18. Jahrhundert) ★

In Altdorf sind über die teils von Sandsteinfassaden, teils von Fachwerk geprägte Innenstadt verstreut zahlreiche interessante Fachwerkhäuser zu finden. Der schmale langgestreckte Fachwerkbau mit seinem massiven Sockelgeschoss und dem Mansarddach begrenzt die Altstadtgasse auf pittoreske Weise.

Ehem. Stadtschreiberhaus (1570) ★ ❑

Der zweigeschossige Fachwerkbau zeigt vor allem im Giebelbereich ein reiches Zierfachwerk, welches lange unter Putz verschwunden war und erst 1932 wieder freigelegt wurde. Im 18. Jahrhundert wurde ein Balkon hinzugefügt, 1935 ein Wasserspeier in Drachenform.

Adresse: Dr. Martin-Luther-Platz 1

Ehem. Rektorenhaus (1567) ★ ❒

Der zweigeschossige giebelständige Bau zeigt Fachwerk mit gebogenen Fußstreben. Das dendrochronologisch auf 1567 datierte Haus ist mit 1569 bezeichnet und wurde später stark umgebaut.

Adresse: Dr. Martin-Luther-Platz 3

Storchennest (1426) ★

Das **Storchennest** war das ehemalige Gefängnis der Reichsstadt Windsheim. Der zweigeschossige Krüppelwalmdachbau zeigt ein massives Erdgeschoss und ein leicht vorkragendes Obergeschoss. Mehrere Dachgauben und die Farbgebung tragen zu einem interessanten Erscheinungsbild bei.

Adresse: Knörrgasse 2

Torhaus der Kirchhofbefestigung (1545) ★ ❑

Der von einem Dachreiter gekrönte hohe Fachwerkbau über gemauertem Erdgeschoss gehört als Torhaus zum mit einer Mauer befestigten Kirchhofareal der einstigen Kirchenburg.

Adresse: Kapellenbergweg 3

Herrenstraße 12 (Mitte 18. Jahrhundert) ★

Der zweigeschossige giebelständige Satteldachbau zeigt besonders im Giebelbereich Zierfachwerk. An der straßenseitigen Fassade findet sich ein abwechslungsreiches Muster von Feuerböcken, gebogenen Fußstreben und anderen Zierelementen.

Adresse: Herrenstraße 12

Deutsches Haus (1440) ★ ★ □ 🗎

Ursprünglich in Besitz des Bürgermeisters Drechsel und deshalb einst *Drechsel Haus* genannt, wurde das Fachwerkhaus 1593/94 durch seinen Enkel Peter Drechsel II im Stil der Spätrenaissance umgebaut. Es gilt heute als eines der bedeutendsten Bürgerhäuser der Renaissance. Dieser Umbau wird jedoch in der Auflistung der Sanierungs-/Umbaujahre auf der Fassade nicht erwähnt:

Erbaut 1440 1543-1765 1877-1951 1984-2011

In Dinkelsbühl hebt es sich aus den überwiegend einfarbig verputzten, einfachen Fassaden hervor. Auf dem Sandsteinerdgeschoss sitzen zwei Fachwerkgeschosse und ein Fachwerkgiebel mit Ziermustern und durch Schnitzereien verzierten senkrechten Balken.

Adresse: Weinmarkt 3

Kinderzech-Zeughaus (**Kornhaus**, um 1500) ★ ❑

An einer Tafel am Kinderzech-Zeughaus, dem ehemaligen Korn-
haus der Stadt, ist zu lesen:

> Um 1500 erbaut. 1597 renoviert. Nach 1838 Bauhofscheune.
> Ab 2005 Kinderzech-Zeughaus.

Heute beherbergt das Gebäude Kostüme und Gerätschaften des je-
des Jahr im Juli aufgeführten historischen Festspiels ‚Die Kinderzeche'. Die Kinderzeche beruht auf der Legende einer kampflosen
Übergabe der Stadt an die Schweden im Dreißigjährigen Krieg, als
eine Schar mutig voranschreitender Dinkelsbühler Kinder das Herz
des Feindes erweichte.

Adresse: Bauhofstraße 43

Hezelhof (15. Jahrhundert) ★

Der damals sanierungsbedürftige **Hezelhof,** ein altes Patrizierhaus aus dem 15. Jahrhundert, wurde von privaten Investoren bis 2008 zum Hotel Hezelhof umgebaut. Vor allem im Innenhof zeigt er sich fachwerksichtig.

Adresse: Segringer Straße 7

Feuchtwangen

Kasten (1565) ★

Der **Kasten** ist die ehemalige Zehntscheuer des Stifts Feuchtwangen. Das zweigeschossige Steilsatteldachgebäude zeigt einen Fachwerkaufbau aus dem Jahre 1565 über einem massiven Erdgeschoss. Seit 1897 dient das Gebäude als Kelleranlage.

Adresse: Am Kasten 2

Großhabersdorf

Im Kernort der Gemeinde Großhabersdorf gibt es gleich zwei bedeutende Fachwerk-Gaststätten. Die berühmtere ist das Gasthaus **Rotes Ross**. Die verbleichende rote Farbe der Balken könnte jedoch mittlerweile eine Auffrischung vertragen. Frisch saniert und in kräftigem Gelb überstrahlt der **Gelbe Löwe** mittlerweile fast das **Rote Ross.**

Gasthaus Rotes Ross (1697) ★ ★ ❐

Die sogenannte ehemalige Fürstenherberge, heute das Gasthaus **Rotes Ross,** ist ein zweigeschossiges Satteldachhaus mit reichem Sichtfachwerk. Zum stattlichen Erscheinungsbild trägt ein dreigeschossiger Aufzugerker bei.

Adresse: Rothenburger Straße 3

Gelber Löwe (17./18. Jahrhundert) ★

Das stattliche Satteldachhaus **Gelber Löwe** wurde in den letzten Jahren saniert und strahlt heute in frischer Pracht mit Fachwerkbalken in sattem Gelb. Das vorher verputzte Erdgeschoss ist heute wieder fachwerksichtig. Auf dem Dach findet sich eine Fachwerk-Aufzugsgaube.

Adresse: Nürnberger Straße 9

Wohnhaus Turnstr. (1467) ★

Auf einem Erdgeschoss aus Sandsteinquadermauerwerk findet sich ein Obergeschoss, ein Giebel und ein Aufzugszwerchhaus aus Fachwerk. Die Fachwerkteile des heute als Wohnhaus genutzten Gebäudes wurden dendrochronologisch auf 1467 datiert.

Standort: Turnstraße 15

Gasthaus zur Sonne/ehem. Kastnerhaus (1568) ❑

Das traditionsreiche Gasthaus **Zur Sonne** zählt laut einer Informationstafel am Gebäude zu den ältesten Frankens. Am Fachwerkobergeschoss sitzt ein fünfseitiger Erker, über der Türe finden sich Wappensteine und eine lateinische Inschrift.

Adresse: Nürnberger Str. 18

Der Markt Roßtal im Ballungsraum Nürnberg in Mittelfranken (10 000 Einwohner) weist mehrere interessante Fachwerkbauten auf, darunter das Pfarrhaus.

Evangelisch-lutherisches Pfarrhaus (15. Jahrhundert) ★

Der stattliche spätgotische Fachwerkbau sitzt auf dem Sandsteinquaderwerk der Kirchhofmauer auf. Erbaut im ersten Viertel des 15. Jahrhunderts, gab es an der Fassade mit den Jahren 1562 und 1894 bezeichnete bauliche Veränderungen.

Adresse: Schulstraße 17

Fachwerkhaus am Plönlein (16. Jahrhundert) ★

Der **Plönlein** ist der meistfotografierte Platz von Rothenburg ob der Tauber. Im Zentrum davon ein schiefwinkliges, gelb gestrichenes Fachwerkhaus, vor welchem ein Brunnen steht. Flankiert wird es von zwei Türmen der alten Stadtmauer. Links der Siebersturm und rechts der Turm des Kobolzeller Tores. Das Untergeschoss des noch heute bewohnten Plönlein-Fachwerkhauses stammt aus dem Mittelalter, das Obergeschoss aus dem 16. Jahrhundert. Die Fassade zum Plönlein erhielt im 19. Jahrhundert ihre heutige Gestalt.

Adresse: Plönlein

Jagstheimerhaus (1448) ★

Das einstige Patrizierhaus heißt nach dem Bürgermeister, der es 1448 errichten ließ, **Jagstheimerhaus**. Einmal übernachtete hier sogar der Habsburger Kaiser Maximilian I. (1459-1519). Seit 1812 findet sich im Haus eine Apotheke. Die heutige **Marienapotheke** wird mittlerweile bereits in fünfter Generation betrieben.

Adresse: Marktplatz 10

Fleischhaus (um 1483) ★

An das Jagstheimerhaus schließt sich ums Eck das ehemalige **Fleischhaus** an. Das Fundament des 1240 abgebrannten alten Rathauses und ein steinsichtiges Erdgeschoss aus dem 12. und 13. Jahrhundert tragen zwei Fachwerkgeschosse. Im Giebel mit seinem Krüppelwalmdach finden sich drei weitere Geschosse. Die Fachwerkgeschosse wurden dendrochronologisch auf das Jahr 1483 datiert. Im Jahre 2013 wurde der Giebel für einen Betrag von 0,5 Millionen Euro saniert. Heute beherbergt das Gebäude den Künstlerbund Rothenburg ob der Tauber.

Adresse: Marktplatz

Gerlachschmiede (1469/1951) ★★

Bei einem Besuch der touristischen Mittelalter-Idylle Rothenburg ob der Tauber vermutet man kaum, dass im Zweiten Weltkrieg Bomben auf die Stadt fielen. Die **Gerlachschmiede** an der Stadtmauer wurde dabei völlig zerstört. Bis 1951 wurde sie jedoch nach historischem Vorbild wieder rekonstruiert. Bis 1967 war die Schmiede sogar noch in Betrieb. Heute wird das Gebäude für Wohnzwecke genutzt und kann nur von außen besichtigt werden.

Adresse: Wenggasse 50

Riffelmacherhaus (um 1600) ★★

Während das Kellergewölbe des **Riffelmacherhauses** aus dem späten Mittelalter stammt, wurden die Fachwerkgeschosse auf dem Sandsteinsockel erst um 1600 erbaut. Mit seinem Zierfachwerk und dem Ecktürmchen gehört das vor wenigen Jahren restaurierte Bürgerhaus zu den schönsten Fachwerkhäusern Frankens.

Adresse: Hauptstraße 43

Rathaus (1529) ★ □

Das Rathaus von Schwabach wurde 1528/29 erbaut. Der Nordflügel wurde 1901-04 durch das Anbringen eines Zierfachwerks und den Anbau eines Chörleins aus Holzschnitzwerk verändert. Im Jahr 2001 wurde das Gebäude kernsaniert. Dabei erhielten die beiden Türmchen des Rathauses goldene Dächer. Schwabach ist eine traditionelle Goldschlägerstadt und so wurden die Dächer mit Schwabacher Blattgold verziert.

Adresse: Königsplatz

Mühlreisighaus (1746) ★★

Das **Hopfengut Mühlreisig** gilt als bedeutendstes mittelfränkisches Hopfenbauernhaus. Auf einem verputzten massiven Erdgeschoss sitzt ein Fachwerkgeschoss und darüber ein hoher Giebel mit 5 Ebenen und vierfach gebrochenem Steilsatteldach mit Trockenschlitzen.

Adresse: Mühlreisig 1

Schlenzgerhaus ★ ★ ☐

Um 1700 wurde das **Schlenzgerhaus** als Halbhaus auf die Stadtmauer der mittelfränkischen Hopfenstadt Spalt gesetzt.
Eine Tafel am Haus informiert:

> **Schlenzgerhaus**
> Erbaut ca. 1700. Auf die Stadtmauer gesetztes Halbhaus.
> Benannt nach dem früheren Besitzer.
> An der Außenseite der Stadtmauer gotisches Spitzbogentor.
> Seit 2015 Haus des Seniorenbeirats der Stadt Spalt.

Adresse: Spitzenberg 16

Hopfenscheune am Oberen Tor (1911) ★

Der zweigeschossige Bau mit massivem Erdgeschoss und Fachwerkobergeschoss und hohem Fachwerkgiebel zeigt ein gebrochenes Steilsatteldach und bildet mit dem benachbarten Gebäude ein eindrucksvolles Ensemble.

Adresse: Am Oberen Tor 3

Ehemalige Hopfenscheune (erste Hälfte 19. Jh.) ★

Der Sandsteinquaderbau zeigt ein imposantes gebrochenes Steilsatteldach mit Fachwerkgiebel. Fassade und Vorplatz sind von
den Bewohnern interessant geschmückt worden.

Adresse: Spitzenberg 6

Kornhaus/Zehntscheune (1456) ★

Der monumentale Fachwerkbau wurde dendrochronologisch auf das Jahr 1456 datiert, der Umbau auf das Jahr 1577. Auf dem Erdgeschoss aus Sandsteinquadern sitzen Fachwerkgeschosse mit Backsteinausfachung.

Adresse: Gabrielliplatz 1

Scherenhof (1571) ★

Der stattliche zweigeschossige Bau mit seinem Fachwerkobergeschoss und -giebel fällt durch seinen polygonalen Erker auf. Auf
der Fassade ist das Jahr der Errichtung mit großen Zahlen mit 1571
bezeichnet. Im 18. Jahrhundert gab es jedoch bauliche Veränderungen.

Adresse: Würzburger Straße 3

Alte Vogtei (1610) ★ ❑

Die Alte Vogtei wurde 1610 als Amtshaus des Vogtes des Deutsch-
ordens erbaut. Um dessen Bedeutung zu unterstreichen, wurde damals ein repräsentatives Sandsteinportal vorgeblendet. 2014-2017
wurde es mit Städtebaufördermitteln von Bund und Land aufwendig saniert. Heute findet sich darin ein Hotel mit Restaurant.

Adresse: Hauptstraße 21

Wolfenschmiede (1412) ★ ☐

Der zweigeschossige Stockwerksbau wurde 1411/12 erbaut und beherbergte bis ins 20. Jahrhundert eine Schmiede. An der Fassade findet sich eine kleine Hausmadonna aus dem 18. Jahrhundert.

Adresse: Hauptstraße 8

Weitere sehenswerte Fachwerkhäuser in Mittelfranken

Bad Windsheim

Ehem. La-teinschule (1573), Dr. Martin-Luther-Platz 2		Der dreigeschossige Bau mit massivem Erdgeschoss wurde 1573 errichtet und später (18./19. Jahrhundert) umgebaut.

Georgensgmünd

Schlösslein (1666), Am Schlösslein		Das Jagdschlößlein der Ansbacher Markgrafen wird nach aufwendiger Renovierung für Trauungen und als Museum Saazer Heimatstuben genutzt.

Roßtal

Gasthaus zur Kanne (18. Jahrhundert), Nürnberger Straße 5		Auf einem Sandsteinquadermauerwerk sitzt ein Obergeschoss und ein Giebel in Sichtfachwerk aus dem 18. Jahrhundert.

Windsbach

Gasthaus zur Sonne (16./17. Jahrh.), Hauptstraße 19		Das Obergeschoss und der Giebel zeigen Zierfachwerk und einen polygonalen Fachwerkerker und stammen aus dem 17./18. Jahrhundert.

Wolframs Eschenbach

Haupt-straße 4 (1686) ❏		Der Kern des Ackerbürgerhauses stammt aus dem 15. Jahr-hundert. Dendrologisch wurde es jedoch auf 1686 datiert. Die Hausmadonna aus Holz erinnert an die Deutschordenszeit.

3. Oberfranken

In Oberfranken treten Fachwerkfassaden zugunsten von Sandstein- oder Putzfassaden bereits etwas zurück, vor allem Richtung Nordosten. Dennoch gibt es hier sehr interessante Ausformungen der Fachwerkarchitektur, wie sie beispielsweise die Rathäuser von Burgkunstadt und Marktzeuln zeigen. Im kleinen Ort Marktzeuln fallen mehrere Gebäude durch ihre interessanten, teilweise mit Schnitzereien und Bemalungen verzierten Fachwerkfassaden auf.

Rathaus von Marktzeuln, Ansicht von Westen

Die UNESCO-Welterbestadt Bamberg ist einer der oberfränkischen Städte mit der höchsten Zahl an Fachwerkhäusern. Mit dem Rottmeisterhäuschen hat die Stadt eines der fotogensten Fachwerkgebäude Deutschlands.

Curia Schönborniana/Domherrenhof (spätes 15. Jh) ★

Die Fachwerkobergeschosse des ehemaligen Domherrenhofes, einem Gebäudekomplex aus dem späten 15. Jahrhundert, welcher im 17./18. Jahrhundert überformt wurde, sitzen auf einem Sandsteinquadersockel.

Adresse: Obere Karolinenstraße 1

Rottmeisterhäuschen am Alten Rathaus (1368) ★★ 📄

Das Alte Rathaus Bambergs wurde in den Fluss Regnitz gebaut und markierte so die Herrschaftsgrenze zwischen bischöflicher Berg- und bürgerlicher Inselstadt. Ursprünglich in gotischem Stil errichtet, wurde es 1744 bis 1756 im Stil des Barock und Rokoko umgestaltet. In dieser Zeit erhielt es auch seine Fassadenmalereien. Über dem Fluss schwebend an das Rathaus angebaut ist das erstmals 1368 erwähnte **Rottmeisterhäuschen.** Das Fachwerkhaus diente den Führern der Wachmannschaften (Rotten) als Unterkunft.

Adresse: Obere Brücke

Haus zum Wasserwirt (Mitte 16. Jh.) ★

Das Haus im Fischerviertel unweit des Flusses Regnitz zeigt ein massives Erdgeschoss, ein Fachwerkobergeschoss und einen markanten Halbgiebel. Das Quadermauerwerk im linken Hausteil wurde 1786 erneuert. 2011 wurde das Haus von der Universität Bamberg erworben. Bis November 2021 wurde es zum Internationalen Gästehaus der Uni umgebaut.

Adresse: Fischerei 5

Gasthof Adam Riese (2. Hälfte 17. Jahrhundert) ★

In diesem Gasthof mit seiner von Zierfachwerk im Spätrenaissancestil, vor allem einer Vielzahl von Feuerböcken, gekennzeichneten Fassade, wurde der Schulrat und Landtagsabgeordnete Johann Baptist Schubert am 29. Juli 1847 geboren.

Adresse: Bamberger Straße 1

Gloccenhaus □

Das 1433 erbaute ‚Gloccenhaus' mit dem Gasthaus ‚Zur Schwane' enthielt bis 1927 sogar eine Brauerei. Der Giebel stammt aus dem Jahre 1561. An der Traufseite findet sich die älteste erhaltene Fachwerkstruktur im Landkreis Bamberg.

Adresse: Marktplatz 8

Schloßstraße 5 (Ende 18. Jahrhundert) ★

Der eingeschossige giebelständige Satteldachbau, heute Wohnhaus und Restaurant, wurde Ende des 18. Jahrhunderts errichtet. Es bildet zusammen mit dem benachbarten, 1538 erbauten Unteren Tor ein fotogenes Ensemble.

Rathaus (1690) ★ ★ ❑ 🖹

Am Rathaus von Burgkunstadt ist auf einer Tafel zu lesen:

> *Erbaut 1689/90 von Zimmermeister Jörg Hoffmann*
> *Baumeister Hans Gebelein.*
> *Renoviert und erweitert von 1976-1980*
> *Fachwerk- und Gebäudesanierung 2007 bis 2009.*

Laut Wikipedia gehört der barocke Fachwerkbau zu den bedeutendsten Leistungen fränkischer Zimmermannskunst um 1700. Reste der Burgkunstadter Burg bildeten die Basis der beiden weiß verputzten Sockelgeschosse. 1690 fand die Erweiterung um die Fachwerkobergeschosse mit Giebelerker statt.

Adresse: Vogtei 5

Münzmeisterhaus (1444) ☐ 📄

1444 wurde für den damaligen Münzmeister von Rosenau eines der ersten gotischen Geschossbau-Fachwerkhäuser in Coburg erbaut. Eine Infotafel am Gebäude sieht eine ältere Entstehungszeit:

> 1288 urkundlich erwähnt. Besteht seit 1333.
> Eines der ältesten Fachwerkgebäude Deutschlands.

Es zählt noch heute zu den bedeutendsten Bürgerhäusern Coburgs. Heute sind im Erdgeschoss Geschäfte, in den Obergeschossen Wohnungen zu finden.

Adresse: Ketschengasse 7

Hahnmühle (1622) ★

Die heute als Hotel genutzte ehemalige **Hahnmühle** in Coburg wurde 1323 erstmals als Mühle erwähnt. Das heute erhaltene Hauptgebäude stammt aus dem Jahre 1622. Im Jahre 1949 wurde das Fachwerk freigelegt und saniert, 1981 erneut saniert. Auf einem Sandsteinsockel zeigt die Fassade zur Straße reiches Zierfachwerk im hennebergisch-fränkischen Stil.

Adresse: Allee 6

Rathaus (1692) ★ ★ ☐ 📄

Der 1687-92 von Hans Kummer errichtete giebelständige Krüppelwalmdachbau zeigt sehr reiches Zierfachwerk in den Obergeschossen und im Giebelbereich sowie einen polygonalen Dachreiter. 1888, 1980 und 2002 wurde es laut Tafel am Haus renoviert. Die Verwaltung zog 1979 aus.

Adresse: Marktplatz 30

Streitshaus (2. Hälfte 16. Jahrhundert) ★ ❑

Das ehemalige Wohnhaus ist heute Teil des Forchheimer Rathauses (Hauptgebäude zurzeit in Sanierung und eingerüstet und deshalb hier ohne Foto). Es zeigt Zierfachwerk der Renaissancezeit, darunter besonders Feuerböcke. Der östliche Teil wurde um 1550/60 erbaut, der westliche 1580/90. Im 18. Jahrundert wurde das Haus baulich verändert. Weil im Gebäude die Buchhandlung Streit sitzt wird es auch Streitshaus genannt.

Adresse: Sattlertorstraße 5

Sattlertorstraße 19 (spätes 16. Jahrhundert) ★

Das zweigeschossige Eckhaus mit seinem massiven Sandsteinsockel zeigt Zierfachwerk im Reniassancestil.

Adresse: Sattlertorstraße 19

Wittauerhaus (1724) ★ ☐

Das Wittauerhaus war ein Handwerkerhaus. Das Innere zeichnet sich durch Bohlenbalkem und Fischgratdecken aus und zeigt ein seltenes Schablonenzimmer. Nach dem großen Stadtbrand von 1724 wurde es wieder aufgebaut. Im Sommer 2024 bekam es einen neuen Anstrich und dabei wurde auch das Fachwerk teilweise restauriert.

Adresse: Marienplatz 18

Floßherrenhaus (1679) ★ ☐ 📄

Das Erdgeschoss des ehemaligen Pfaffs- bzw. Floßherrenhauses stammt aus dem Mittelalter, das Obergeschoss wahrscheinlich aus der Zeit um 1600. Das 2. Obergeschoss mit dem fünfseitigen Eckerker und Schaufachwerk kam im Jahre 1679 hinzu. Nach dem Krieg diente das Haus hauptsächlich örtlichen Gewerkschaften. Heute findet sich hier ein Viersterne-Hotel mit Brauerei-Gaststätte.

Adresse: Amtsgerichtsstraße 21

Rathaus (1690) ★ ★ □ 📄

Marktzeuln hatte im Mittelalter eines der höchsten Steuerauf-kommen der gesamtem Umgebung und drückte seine Bedeutung durch den Bau eines 1578 fertiggestellten Rathauses aus. Doch 1646, der Dreißigjährige Krieg war fast zu Ende, wurden der Ort und sein Rathaus von den Schweden niedergebrannt. 1690 wurde auf dem Sockel des alten Baues ein neues Fachwerkrathaus mit reich verzierter Fassade im barocken Stil gebaut. Es verfügt sogar - als selten zu sehendes Element - über einen Fachwerkturm. 2009-12 fand die letzte Generalsanierung des Rathauses statt.

Adresse: Am Flecken 29

Am Flecken 9 (1697) ★

Der zweigeschossige, als Wohngebäude genutzte Fachwerkbau aus dem Jahre 1697 zeigt bis in die Giebelspitze eine faszinierend dichte und komplexe Zierfachwerkstruktur, unter anderem mit Elementen wie Feuerböcken, Rauten und Andreaskreuzen.

Adresse: Am Flecken 9

Café Dillighaus (1692) ★ 📄

Das **Dillighaus** war einst das Zunfthaus der Büttner und Brauer. Erbaut wurde es für einen Zimmermann und kam 1847 in den Besitz der Familie Dillig. Heute findet sich hier ein griechisches Restaurant. Die beeindruckende Fachwerketage mit ihren Zierschnitzereien ist dem bedeutenden Zimmermeister **Jörg Hofmann** aus Zeil am Main zu verdanken, der seine Initialen an einem Schwellbalken zusammmen mit der Jahreszahl 1692 hinterlassen hat.

Adresse: Hauptstraße 33

Ackerbürgerhaus (1688) ★

1688 errichtetes Ackerbürgeranwesen mit rautenförmigem Schmuckfachwerk in der Altstadt von Seßlach. 2013 unter Verwendung heimischer Materialien saniert. 2015 Bayerische Denkmalschutzmedaille. 2016 Baukulturpreis der Initiative Rodachtal.

Adresse: Pfarrgasse 112

Dietzenhaus (Zweite Hälfte 16. Jh.) ★ ❑

In der zweiten Hälfte des 16. Jahrhunderts erbaut, mit reichem Zierfachwerk der Renaissance-Zeit, vor allem im Giebel, wurde es nach der Bürgerfamilie Dietz benannt. Eine Tafel erwähnt die Benennung nach dem Heimatforscher Bernhard Dietz (1897-1933) und sieht den Giebel als Mustertafel fränkischen Fachwerks. Im Mittelalter gehörte das Haus der Adelsfamilie Handel. Heute ist es Teil eines Hotels.

Adresse: Markt 16a

Weitere sehenswerte Fachwerkhäuser in Oberfranken

Baunach		
Obleyhof (1385), Marktplatz 1, ❐		Der Obleyhof wurde 1385 erstmal urkundlich erwähnt, früher zwei Höfe Obleyhof und Spitalhof. Bis 1803 im Besitz des Bamberger Domkapitels. Brauerei bis 1948, heute Gasthof.
Coburg		
Markt 11 (16. Jahrhundert) 📄		Das zweite Obergeschoss des Wohn- und Geschäftshauses kragt vor. Im Giebelbereich zeigt ein Kragbalken über einer Luke die ehemalige Nutzung als Speicher.
Forchheim		
Ehemaliges Gasthaus „zum Hirsch" (1579), Sattlertorstraße 14		Im zweigeschossigen giebelständigen Fachwerkbau mit seinem von Feuerböcken geprägtem Renaissance-Zierfachwerk sitzt heute die Brauerei Hebendanz.
Seßlach		
Altes Schulhaus (17. Jahrhundert) ❐, Luitpoldstr. 3		Das Alte Schulhaus an der Seßlacher Stadtkirche fällt durch die Farbgebung auf: blaue Fenster, rote Fenstereinfassungen im massiven Erdgeschoss, rote Fachwerkbalken mit Spätrenaissance-Zierformen.

4. Schwaben

Der bayerische Regierungsbezirk Schwaben zeichnet sich durch eine eher geringe Fachwerkdichte aus. In der Hauptstadt Augsburg sind Fachwerkhäuser kaum zu sehen. Auch kleinere Städte im Osten des Regierungsbezirkes und an der Donau sind eher von Putzfassaden in Pastelltönen geprägt. Auch zu den Alpen hin wird Fachwerk seltener. Fachwerkbauten findet man jedoch in ehemaligen Reichsstädten, wie in der Riesstadt Nördlingen und im oberschwäbischen Memmingen.

Fachwerkbau in Nonnenhorn am Bodensee (Seestraße)

Beim Reißner (1525) ❑ ★

Der um 1525 erbaute zweigeschossige Satteldachbau mit gemauertem Erdgeschoss wurde 1575 erstmals erwähnt. Das Haus wurde erst gewerblich genutzt und beherbergte im 20. Jahrhundert Malergeschäfte und eine Damenschneiderei. Im Jahre 2010 wurde das Fachwerkhaus saniert und ist heute ein Wohnhaus.

Adresse: Egelseestraße 3

Memmingen wird zu Oberschwaben gerechnet, doch Fachwerkhäuser sind hier bereits deutlich seltener zu sehen als im württem-
bergischen Teil der Region. Mit dem Siebendächerhaus gibt es jedoch ein bedeutendes Fachwerkhaus in der Stadt. Noch älter ist das
ehemalige Frauenhaus.

Ehemaliges Frauenhaus (16. Jahrhundert) 🗎

Das Fachwerkhaus aus dem 16. Jahrhundert liegt in der Nähe der
Stadtmauer und diente einst als Frauenhaus/Beginenhaus. Die
Obergeschosse kragen leicht vor. Das Erdgeschoss zeigt Stichbo-
genkonsolen.

Adresse: Weberstraße 54

Siebendächerhaus (1601) ★ ★ □ 📄

Das **Siebendächerhaus** in Memmingen wurde Anfang des 17. Jahrhunderts als Gerberhaus zum Trocknen der Felle errichtet, da es unweit des Stadtbaches lag. Am 20. April 1945, als der Zweite Weltkrieg fast zu Ende war, wurde es durch einen Bombenangriff stark beschädigt. Das Fachwerkfüllmaterial wurde herausgesprengt, doch die Fachwerkbalken blieben stehen, wenn auch geneigt. Es wurde abgestützt und 1946-1952 mit Originalteilen von der *Siebendächer Baugenossenschaft* wieder rekonstruiert. Dieser Baugenossenschaft dient es heute als Hauptsitz. Es gehört zu den sieben Wahrzeichen Memmingens.

Adresse: Gerberplatz 7

Tanzhaus (1444) □ ★

Das von 1442 bis 1444 erbaute **Tanzhaus** diente zu Messezeiten dem Tuchhandel. Außerhalb der Messezeiten feierten die vornehmen Nördlinger Familien hier ihre Feste. Das Erdgeschoss mit seinen kleinen Läden war den Bäckern vorbehalten. Deshalb heißt das Gebäude auch **Brot- und Tanzhaus**. Von den 1830ern bis in die 1920er diente das Gebäude als Schulhaus. Seither ist es Sitz der Nördlinger Stadtverwaltung.

Adresse: Marktplatz

Paradiesgasse (um 1352) ★

Der dreigeschossige Fachwerkbau aus dem 14. Jahrhundert mit massivem Erdgeschoss und vorkragenden Geschossen mit profilierten Knaggen wurde 1983/84 von Grund auf saniert.

Adresse: Paradiesgasse 4

Wintersches Haus (1678) ❑ ★ 📄

Eine Tafel vor dem Valentin Schübler zugeschriebenen Fachwerkhaus, heute **Wintersches Haus** genannt, informiert:

> Errichtet durch den kaiserlichen Notar Nikolaus Kobelt.
> Schrittweise Ausstattung bis 1698 (Haustüre). Um 1877 Reno-
> vierung durch Jakob Winter (1816-1903), der nach seinem Tod
> das Haus der protestantischen Kirchenverwaltung vermachte.
> 1974 Erwerb und Instandsetzung durch den Restaurator
> Matthias Schwenkenbecher.
> 2009 Kauf und Sanierung durch Martin und Martina Stumpf.

Adresse: Bräugasse 2

Ehemalige Gerberei (1585) ★

Ein Arm des Flusses Eger fließt außerhalb der Altstadt, ein wasserärmerer innerhalb der Stadtmauern. An diesem Flussarm lag einst das alte Gerberviertel der Stadt. Um 1618 arbeiteten dort 152 Gerbermeister. Mitte des 20. Jahrhunderts erlöschte das Gerberhandwerk in der Stadt und 1961 wurde die letzte Gerberei in Nördlingen geschlossen. Das Fachwerkhaus **ehemalige Gerberei** zeigt, wie hoch die Gebäude zum Zwecke der Lufttrocknung der Felle, wofür es auch Lufteinlässe gab, einst waren.

Auf zwei massiven Sockelgeschossen sitzt ein Fachwerkbau mit Trockenböden in Ständerbohlenbauweise. 1980-82 wurde das Gebäude von Grund auf erneuert.

Adresse: Mittlere Gerbergasse 2

Ehemaliges Gerberhaus (um 1422) ★

Der zweigeschossige Bau mit massivem Sockelgeschoss und dreifach vorkragendem Fachwerkgiebel mit Schopfwalm und offenen Speicherluken wurde dendrochronologisch auf 1422 datiert. Das Gebäude findet sich zurzeit in Sanierung mit bereits fertig gestelltem Giebelbereich.

Adresse: Vordere Gerbergasse 25

Oettingen ist eine kleine Landstadt im Ries (5000 Einwohner) un-weit von Nördlingen. Trotz ihrer geringen Größe hat die Stadt ein prächtiges Fachwerkrathaus und ist auch sonst fachwerkreicher als die meisten Städte des Bezirks Schwaben.

Rathaus (1431) ★ ❑ 🗎

Der dreigeschossige imposante Satteldachbau mit gemauertem Erdgeschoss, ist mit 1431 bezeichnet. Die vorkragenden Ober- und Giebelgeschosse in Fachwerk, zu denen ein Zwerchhaus und ein Dachreiter gehört, wurden um 1480 erbaut.

Adresse: Schloßstraße 36

Weitere sehenswerte Fachwerkhäuser in Schwaben

Harburg	
Rathaus (15. Jahrhundert) 📄, Schloßstraße 1	 Auf einem gemauerten Erdgeschoss sitzen zwei leicht vorkragende Fachwerkgeschosse, geprägt von gotischen Mann-Strukturen, sowie ein Fachwerkgiebel mit Dachreiter. 1975-77 wurde das Gebäude umgestaltet mit wieder verwendeten Fachwerkteilen des 15. Jahrhunderts.

Memmingen	
Ehemaliges Weberzunfthaus (15. Jahrhundert), **Weinmarkt 2**	 Das dreigeschossige Eckhaus mit dem mächtigen Giebel stammt aus dem 15. Jahrhundert, sein Zierfachwerk, welches im dritten Stock und im Giebel zu sehen ist, aus dem Jahre 1590.

Nördlingen	
Stadtapotheke zum Engel (1513), Marktplatz 19	 Auf einem massiven Erdgeschoss sitzen zwei Fachwerkgeschosse und ein hoher, vierfach vorkragender Giebel. Die Stadtapotheke Engel ist die zweitälteste Apotheke Nördlingens und heute anthroposophisch und naturheilkundlich orientiert.

5. Oberpfalz

In der Oberpfalz gibt es als Teil von Altbayern kaum Fachwerk-häuser. In nahe an Franken gelegenen Städten wie Neumarkt sind jedoch einzelne zu sehen.

Bad Neualbenreuth

Eine Ausnahme ist zudem Neualbenreuth an der Grenze zu Tschechien, wo der Egerländer Fachwerkhausstil bereits zum Tragen kommt. Es ist deshalb der Oberpfälzer Ort mit den meisten Fachwerkhäusern. Ein 1910 erbautes Schulgebäude (Foto rechts) zeigt zudem, dass hier noch recht spät Fachwerkgebäude errichtet wurden.

Alte Posthalterei (1755) ★ ☐
Die Alte Posthalterei am Marktplatz von Neualbenreuth wurde nach dem großen Brand von 1754 bereits 1755 als Dreiseithof er-baut. Bis 1901 agrarische Hofstelle mit Bäckerei, 1901-1949 Post-stelle. 1991, nach fünfjähriger Renovierung, Haus des Gastes , Touristeninformation und Museum. **Adresse:** Marktplatz 10

Sengerhof (18. Jahrhundert) ★ ❑

Das abgebildete Gebäude gehört zu einem Egerländer Vierseithof, dessen erhaltene Teile 1755-1885 errichtet wurden und der bis 1973 bewirtschaftet wurde. Die letzte Eigentümerin vererbte die Hofstelle 1989 an die Gemeinde. 2004-2006 wurden die Gebäude saniert. Heute ist der ,Sengerhof' Kultur- und Dokumentationszentrum.

Adresse: Turmstraße 5-7

Schreiberhaus (1430) ★

In Neumarkt wurden im 2. Weltkrieg 90% der historischen Bausubstanz der Innenstadt zerstört. Das Schreiberhaus überstand den Krieg allerdings, nur leicht beschädigt. Heute ist das 1430 erbaute ‚Schreiberhaus' das älteste Bürgerhaus der Stadt. 1610 (Renaissance) und 1770 (Spätbarock) wurde es innen umgebaut. 1988 gab es jedoch Pläne, das heute einzige Fachwerkhaus der Innenstadt Neumarkts abzutragen und in einem Freilandmuseum wieder aufzubauen. Der Denkmalschutz verhinderte dies. 2001-2006 wurde das Schreiberhaus dann saniert. Dabei fand man in einem zugeschütteten Keller eine Mikwe, ein jüdisches Tauchbad.

Adresse: Bräugasse 19

Schlusswort

Ich hoffe, die kleine Sammlung von besonderen Fachwerkhäusern in Bayern ist für die LeserInnen unterhaltsam und anregend. Über Hinweise zu weiteren interessanten Fachwerkgebäuden in Bayern würde ich mich freuen. Kommentare zur bestehenden Sammlung sind ebenfalls willkommen. Am besten an:
Richard.deiss@gmail.com

In Landau/Isar gesehen:

Zum Autor

Richard Deiss stammt aus Isny im Allgäu, studierte in den 1980er Jahren in München Geografie und arbeitete ab den 1990er Jahren als Verkehrsplaner und im Bereich der Statistik. Heute lebt er in Kerkrade und Isny. Bei BoD hat er seit 2006 bereits mehr als 80 Titel publiziert, zuletzt zwölf Bücher zu Fachwerkhäusern. Zurzeit arbeitet er an einer Buchreihe zu Gedenk- und Informationstafeln. Seine Bücher decken Themengebiete ab, zu denen es bisher wenige Veröffentlichungen gibt.

Quellennachweis:

Bilder: Richard Deiss

Texte: Informationen zu den Texten:

Gebäude mit Wikipedia-Artikel sind mit 🖹 gekennzeichnet, diese Artikel wurden fast immer genutzt.
Auch die Wikipedia-Listen der Bau/Kulturdenkmäler nach Orten wurden meist genutzt.

Allgemeine Quellen

Manfred Gerner, Deutsche Fachwerkstraße
Hrsg. Arbeitsgemeinschaft Deutsche Fachwerkstädte e.V.
Bad Neustadt an der Saale

Spezifische Quellen

Coburg, Münzmeisterhaus
https://www.coburg-rennsteig.de/poi/muenzmeisterhaus

Dinkelsbühl, Kinderzech-Zeughaus
https://www.tourismus-dinkelsbuehl.de/ihr-urlaubsort/stadtrundgang/stationen-rundgang/kinderzech-zeughaus

Forchheim, Streits- Haus
https://www.nordbayern.de/franken/forchheim/forchheim-schutt-faulnis-und-taubenkot-belasten-streitshaus-1.8980334

Großhabersdorf, Gelber Löwe
https://www.grosshabersdorf.de/gelber-loewe

Kulmbach, Michael-Weiß- Haus
https://www.kulmbach.de/xist4c/web/Michel-Weiss---Kulmbach_id_803_.htm

Miltenberg, Haus Clausius
https://www.frankentourismus.de/poi/marktplatz_mit_marktbrunnen_sc-36111/

Nördlingen, Brot- und Tanzhaus
https://www.noerdlingen.de/stadt-rathaus-aktuell/stadtplan/4-tanzhaus

Nördlingen, ehemalige Gerberei
https://www.noerdlingen.de/tourismus/noerdlingen-entdecken/baukunst/gerberhaeuser/poi.html

Nürnberg, Graff-Haus
https://merianin.de/home/haus-bergstrasse/

Nürnberg, Erich-Mulzer-Haus
https://www.altstadtfreunde-nuernberg.de/de/projekte/alle-projekte/haeuser/weissgerbergasse-10.html

Rothenburg, Gerlachschmiede
https://www.fachwerkhaus.de/ein-kleinod-in-der-maerchenstadt.html

Rothenburg, Jagstheimerhaus
https://www.hotel-goldener-hirsch.de/de/sehenswuerdigkeiten/gebaeude-plaetze/marienapotheke-rothenburg-ob-der-tauber/

Roth, Riffelmacherhaus
https://www.donaukurier.de/archiv/mittelfrankens-schoenstes-fachwerk-4356193

Schwabach, Rathaus
https://www.schwabach.de/de/politik/referate/referat-3-finanzen-und-wirtschaft/12-amt-fuer-liegenschaften-und-wirtschaftsfoerderung/27-einrichtungen-und-sachgebiete/461-tourist-information/272-allgemeines-der-tourist-information/377-sehenswertes/1252-rathaus.html

Schweinfurt, Burggasse 17
https://verein-stadtbild-deutschland.org/burggasse-17-in-schweinfurt-gewinnt-wahl-zum-gebaeude-des-jahres-2022/

Spalt, Mühlreisighaus
https://spalt-tourismus.de/de-de/urlaub-in-spalt/sehenswertes-spalt/hopfengut-muehlreisig-2083197/

Uffenheim, Scherenhof
https://www.uffenheim.de/erleben/rundgang-historische-bauwerke/10-scheren-hof/seite

Weitere Fachwerkbücher des Autors bei books on demand, Alle: www.bod.de, Norderstedt 2024-2025

Deutschlands schönste Fachwerkhäuser
Meine Liste der 100 schönsten Fachwerkgebäude in Deutschland

Die schönsten Fachwerkhäuser in Nordrhein-Westfalen
Meine Liste der 77 schönsten Fachwerkhäuser in NRW

Die schönsten Fachwerkhäuser in Hessen
Meine Liste der 77 schönsten Fachwerkhäuser in Hessen
Norderstedt 2024

Die schönsten Fachwerkhäuser in Norddeutschland
Meine Liste der 77 schönsten Fachwerkhäuser in den 4 nördlichen Bundesländern

Die schönsten Fachwerkhäuser in Baden-Württemberg
Meine Liste der 77 sehenswertesten Fachwerkgebäude in Baden-Württemberg

Die schönsten Fachwerkhäuser im Westen Deutschlands
Meine Liste der 77 sehenswertesten Fachwerkgebäude in Rheinland-Pfalz und im Saarland,

Die schönsten Fachwerkhäuser in Mittel- und Ostdeutschland
Meine Liste der 77 sehenswertesten Fachwerkgebäude in Berlin, Brandenburg, Sachsen-Anhalt und Mecklenburg-Vorpommern

Die schönsten Fachwerkhäuser in Thüringen
Meine Liste der 55 sehenswertesten Fachwerkgebäude Thüringens

Die schönsten Fachwerkhäuser in Sachsen
Meine Liste der 55 sehenswertesten Fachwerkgebäude Sachsens